AF638298

Thomas Müller

Tiere im Wald

GERSTENBERG

Im Wald leben viele Tiere. Die Bäume und all die anderen Pflanzen bieten ihnen Schutz und Nahrung. Die meisten Tiere sind scheu und flüchten, bevor wir sie richtig zu Gesicht bekommen. In den dichten Bereichen des Waldes haben sie ihre Verstecke, Baue und Nester, in denen sie auch ihre Jungen aufziehen. Wenn du leise und vorsichtig bist, kannst du vielleicht eines der Tiere in diesem Buch bei deinem nächsten Waldspaziergang entdecken!

Eichhörnchen

Hase

Eule

Diese sieben Tiere lernst du in diesem Buch kennen!

Fuchs

Maus

Reh

Wildschwein

Das Eichhörnchen

Eichhörnchen sind ungemein flink: Geschickt klettern sie Baumstämme hinauf und hinunter und springen von Ast zu Ast. Weit oben in der Baumkrone bauen sie ihr weich gepolstertes Nest, den Kobel. Dort bringen sie auch ihre Jungen zur Welt und halten Winterruhe. Eichhörnchen ernähren sich von Nüssen, Bucheckern, Pilzen und den Samen von Zapfen, aber auch von Käfern oder Raupen. Im Herbst vergräbt das Eichhörnchen Nüsse an vielen verschiedenen Orten als Wintervorrat. Nicht alle Verstecke findet es wieder. Dort wachsen dann junge Bäume nach.

Der Hase

Dank seines graubraunen Fells ist der Hase auf Feld und Wiese und am Waldesrand kaum zu sehen. Erst wenn man ihm zu nahe kommt, springt er davon – bis zu drei Meter weit! Feinden wie dem Fuchs kann er durch einen besonderen Trick entkommen: Er schlägt einen Haken – mitten im Sprung ändert er die Richtung.
Im späten Winter ist Paarungszeit. Jetzt kämpfen die männlichen Hasen miteinander. Dabei stehen die Rammler aufrecht auf ihren Hinterbeinen. Im Frühjahr bringt die Häsin zwei bis vier Junge zur Welt. In Gras und Gebüsch versteckt, warten sie auf ihre Mutter. Hasen ernähren sich von Feldkräutern, mögen aber auch Kohl und anderes Gemüse.

Der Fuchs

Vor allem in der Dämmerung und nachts ist der Fuchs auf Nahrungssuche. Er schleicht sich an seine Beute heran, springt in die Höhe und landet direkt auf ihr. Füchse jagen Mäuse, Hasen, Kaninchen und Enten. Auch Hühner sind nicht vor ihnen sicher. Sie fressen aber auch Früchte wie Himbeeren oder Brombeeren.

Die jungen Füchse werden in einer Erdhöhle geboren. Nach der Geburt ist ihr Fell grau, erst nach und nach färbt es sich rotbraun. Junge Füchse sind verspielt und balgen gern. Dabei werden sie immer geschickter und kräftiger, bis sie schließlich selbst auf Jagd gehen können.

Das Wildschwein

Wildschweine ernähren sich von Eicheln, Bucheckern und Pilzen, aber auch von Insekten, Schlangen und Mäusen. Kartoffeln und Mais schmecken ihnen besonders gut.
Im Frühjahr bringt die Wildschweinmutter bis zu zwölf Junge zur Welt, die sie gegen jeden Feind mutig verteidigt. Daher sollte man einer Bache mit Frischlingen besser aus dem Weg gehen. Der Wildschweinvater, auch Keiler genannt, hat große gebogene Eckzähne und kann sehr schnell laufen. Wildschweine nehmen gern ein Schlammbad. Dafür suchen sie im Wald ihre Lieblingsplätze, die Suhlen, auf.

Die Eule

Am Tag schläft die Eule verborgen in ihrer Baumhöhle. Erst in der Nacht wird sie munter und geht auf Jagd. Mit ihrem weichen Gefieder fliegt sie fast lautlos umher. Ihre großen Augen können im Dunkeln gut sehen. Auch ihr feines Gehör hilft ihr beim Fangen von Mäusen, kleinen Vögeln und Fröschen.

Die jungen Eulen schlüpfen in einer Baumhöhle aus dem Ei. Zuerst tragen sie ein flauschiges Daunenkleid. Erst nach und nach wachsen ihnen richtige Federn.

Das Reh

In der Dämmerung verlassen die Rehe den Wald, um auf Wiesen und Feldern zu grasen. Nur der Rehbock trägt ein Geweih. Im Winter fällt es ab und wächst neu nach. Es ist von einer samtartigen Haut, dem Bast, umgeben. Ist das Geweih im Frühling ausgewachsen, streift der Bock den Bast an jungen Bäumen ab.
Im Mai bringt die Ricke ein bis zwei Kitze zur Welt. Während die Mutter auf Nahrungssuche geht, warten sie gut versteckt im Gebüsch.
Im Sommer tragen Rehe ein rotbraunes Fell, im Winter ein dichteres graubraunes.

Die Maus

Die Waldmaus ist ständig auf der Suche nach Nahrung. Sie huscht über den Waldboden und klettert in Büsche und auf Zweige. Dabei sucht sie nach Knospen, Samen, Früchten, Kräutern, Pilzen, Insekten, Würmern und Schnecken. Bei Gefahr flüchtet sie mit großen Sprüngen. Ihr Nest baut die Maus unter der Erde. Dort bringt sie ihre Jungen zur Welt und legt Vorräte für den Winter an. Mäuse sind wie viele andere Tiere des Waldes vor allem in der Dämmerung und nachts unterwegs.

Außerdem lieferbar von Thomas Müller:

Tiere auf dem Bauernhof

ISBN 978-3-8369-6279-7

1. Auflage 2024
Copyright ©2024 Gerstenberg Verlag, Hildesheim
Alle Rechte vorbehalten
Text und Illustration: Thomas Müller, Leipzig
Der Gerstenberg Verlag behält sich die Nutzung seiner Inhalte
für Text und Data Mining im Sinne von §44b UrhG ausdrücklich vor.
Druck und Bindung: TBB, a. s., Banská Bystrica
Printed in Slovakia
Gerstenberg Verlag GmbH & Co. KG, Rathausstraße 18–20, D-31134 Hildesheim
verlag@gerstenberg-verlag.de
ISBN 978-3-8369-6278-0

Weitere spannende Sachbücher
findest du auf unserer Homepage:
www.gerstenberg-verlag.de